작은 기도

작은 기도

이해인 시집

열림원

나에게 제일 처음
기도하는 법을 가르쳐주신 어머니와
기도의 시를 쓰게 해준
수도공동체에 이 작은 시집을 바칩니다.

| 시인의 말 |

기도는 아마도 영원한 사랑

　수도원에 살면서 단 하루도 기도하지 않은 날이 없지만 기도에 대한 갈증은 끝이 없습니다. 해도 해도 다는 채워지지 않는, 그러나 항상 가슴을 뛰게 하는 기도는 아마도 영원한 사랑이고 그리움인가 봅니다.

　수도 연륜이 깊어진 것에 비해 기도를 더 잘하지 못하는 데 대한 나의 부끄러움 또한 끝이 없습니다. 몇 년째 암으로 투병 중이다 보니 나를 위해 기도해주는 이들이 참 많지만 감당을 못할 정도로 여러 종류의 기도를 내게 부탁해 오는 분들이 종파에 관계없이 더 많아지는 요즘입니다.

　아침에 눈을 뜨면 누가 따로 부탁을 해오지 않더라도 기도해야 할 일들이 하도 많아 그저 멍하니 하늘을 올려다보곤 합니다. 적당한 기도의 말을 찾지 못한 한계를 자주 느끼기에 때로는 깊은 침묵이 때로는 한숨과 눈물이 때로는 고요한 미소가 더욱 간절한 기도로 여겨질 적도 많습니다.

내 평생의 아름다운 기도 학교인 수도원에서 오늘도 나는 열심히 숙제하는 학생으로서 기쁘고 겸허하게 살고 싶은 갈망을 새롭게 가져봅니다.

어느 날 문득 기도하다가 기도를 받으며 세상의 순례를 마치는 모습을 미리 상상하며 눈물 글썽여보기도 합니다. 그 순간이 실제로 올 때까지…….

하느님을 향한 수직적인 사랑과 이웃을 향하고 나누는 수평적인 사랑이 서로 어긋나지 않고 순한 조화를 이루어 마침내 더 자유롭고 행복한 기도자로 살고 싶습니다.

그간 틈틈이 써두고 발표를 미루었던 신작 시 50여 편(이중에는 더러 근래의 산문집에 인용된 시도 포함되었습니다)에 1999년에 초판을 냈던 시집 『다른 옷은 입을 수가 없네』에서 몇 편을 덧붙여 『작은 기도』라는 제목으로 새 시집을 내놓습니다.

여기에 담긴 마음들을 그동안 꾸준히 기도해주신 많은 독자들에게 작은 선물로 바치고 싶습니다. 항상 부족하고 항상 부끄럽지만 어여삐 여기시어 받아주시면 고맙겠습니다. 정성 다해 책을 만들어주신 열림원 식구들에게도 감사드립니다.

2011년 가을 바다가 보이는 수녀원에서
이해인 클라우디아 수녀

차례

시인의 말 · 6

아름다운 기도

사랑의 길 위에서 · 15

어떤 보물 · 17

꽃의 말 · 19

어떤 행복 · 21

가을의 말 · 23

보름달 기도 · 24

차를 마시며 · 25

듣기 · 27

꽃을 보고 오렴 · 29

숲 속에서 · 31

작은 노래 1 · 32

힘든 위로 · 33

불면증 · 35

성서 · 37

사람 구경 · 39

마음의 엄마 · 41

달밤 · 42

고백 · 43

시인 윤동주를 기리며 · 44

여정 · 46

인생학교 · 48

아름다운 기도 · 50

짐을 위한 노래 · 52

오늘도 십자가 앞에 서면 · 57

여름 편지 · 59

어둠 속에서 · 63

작은 노래 2 · 64

내 기도의 말은 · 67

어떤 기도 · 69

쓸쓸한 날만 당신을 · 71

용서를 위한 기도

감사 예찬 · 75

행복의 얼굴 · 77

일기 · 79

시간도 바빠서 · 80

마음의 문 · 81

부끄러운 손 · 83

빈 의자의 주인에게 · 85

가을편지 1 · 87

화해 · 89

이별연습 · 91

기쁨에게 · 93

어떤 기도 · 95

친구야, 너는 · 97

슬픈 노래 · 99

성지순례기 · 100

저는 아니겠지요? · 102

새해 첫날의 소망 · 104

눈 내리는 바닷가로 · 109

첫눈 편지 · 111

용서를 위한 기도 · 115

차를 마셔요, 우리 · 119

슬픈 날의 편지 · 122

가을편지 2 · 124

다른 옷은 입을 수가 없네 · 125

바다에서 쓴 편지 · 126

기쁨이신 예수님께 · 128

평화이신 예수님께 · 129

침묵이신 예수님께 · 130

구세주이신 예수님께 · 131

가난한 새를 위한 기도

약속의 슬픔 · 135

병상일기 · 137

싱겁게 더 싱겁게 · 139

느티나무가 나에게 · 141

새의 말 · 143

눈물의 힘 · 144

해 질 무렵 · 146

시 쓰기 · 148

익어가는 가을 · 150

가을편지 3 · 151

환대 · 152

쌍둥이 수사님 · 153

고독의 맛 · 155

가을바람 · 157

침묵 · 159

침묵 일기 · 161

나를 위로하는 날 · 164

겸손 · 166

어떤 후회 · 168

달빛 인사 · 170

홀로 있는 시간 · 172

사라지는 침묵 속에서 · 174

가난한 새의 기도 · 176

어떤 죽은 이의 말 · 178

들음의 길 위에서 · 180

마지막 기도 · 184

송년 엽서 · 186

만남의 길 위에서 · 188

후회 · 192

발문
영혼의 순결한 밥과 국 정호승(시인) · 194

이해인 수녀의 작은 기도
하느님의 부르심을 받기 전에 내가 꼭 하고 싶은 것들 · 200

아름다운 기도

사랑의 길 위에서

당신 생각으로
해 아래 눈이 부셨지요
비 내리면
하루 종일 비에 젖고
눈 내리면
하얗게 쌓여서
녹아내린 그리움

기쁘면 기뻐서
슬프면 슬퍼서
아프면 아파서
당신을 부르는 동안

더 넓어진 하늘
더 높아진 산
더 깊어진 마음

흐르는 세월 속에

눈물도 잘 익혀서
마침내
담백하고 평화로운
사랑이 내게 왔네요

이 사랑으로
세상을 끌어안고
사람을 위해주니

갈수록 더
행복할 뿐
고마울 뿐

사랑의 길 위에서
이제는 내 이름도
새롭게 아름다운
사랑입니다

어떤 보물

세상에서 다 드러내놓고
말하지 못한
내 마음 속의 언어들

깨고 나서
더러는 잊었지만
결코 잊고 싶지 않던
가장 선하고 아름다운 꿈들
모르는 이웃과도 웃으며
사랑의 집을 지었던
행복한 순간들

속으로 하얀 피 흘렸지만
끝까지 잘 견뎌내어
한 송이 꽃이 되고
열매로 익은 나의 고통들

살아서도 죽어서도

나의 보물이라
외치고 싶어

그리 무겁진 않으니까
하늘나라 여행에도
꼭 가져가고 싶어

꽃의 말

고통을 그렇게
낭만적으로 말하며
나는 슬퍼요

필 때도 아프고
질 때도 아파요

당신이 나를 자꾸
바라보면 부끄럽고
떠나가면 서운하고
나도 내 마음을
모를 때가 더 많아
미안하고 미안해요

삶은 늘 신기하고
배울 게 많아
울다가도 웃지요

예쁘다고 말해주는
당신이 곁에 있어
행복하고 고마워요

앉아서도 멀리 갈게요
노래를 멈추지 않는 삶으로
겸손한 향기가 될게요

어떤 행복

하늘이 바다인지
바다가 하늘인지

기쁨이 슬픔인지
슬픔이 기쁨인지

삶이 죽음인지
죽음이 삶인지

꿈이 생시인지
생시가 꿈인지

밤이 낮인지
낮이 밤인지

문득문득 분간을
못할 때가 있어요

그런데
분간을 잘 못하는
이런 것들이
별로 문제가 되지 않네요
그냥 행복하네요

이런 행복을
무어라고 해야 할지
그냥
이름 없는 행복이라고 말할래요

가을의 말

하늘의 흰 구름이
나에게 말했다

흘러가는 것을 두려워하지 마라
흐르고 또 흐르다 보면
어느 날
자유가 무엇인지 알게 되리라

뜨락의 석류가
나에게 말했다

상처를 두려워하지 마라
잘 익어서 터질 때까지
기다리고 기다리면

어느 날
사랑이
무엇인지 알게 되리라

보름달 기도

둥근 달을 보니
내 마음도 둥글어지고
마음이 둥글어지니
나의 삶도 금방 둥글어지네

몸속까지 스며든
달빛에 취해
나는 행복하다 행복하다
노래를 하고

온 우주가 밝아지니
나의 기도 또한 밝아져서
웃음이 출렁이고
또 출렁이고

차를 마시며

친구가 선물로 보내준
차茶를 마시려다가
깨알같이 적힌
설명문을 읽어봅니다

'그대가 늘 친절하고, 자비롭고
협조적이며 말에 진실하다면
천사의 행동을 하는 것입니다'
하마터면 놓칠 뻔한 이 말을
몇 번이고 되새기며
나는 천사가 될 궁리를 합니다
이 세상 사람들 모두가
천사가 되는 꿈을 꿉니다

날개 없이도 마음먹으면
천사가 될 수 있어 기쁘다고
가슴속에선 자꾸 웃음이 차오르고
'차를 마시면 마음이 맑아진대,

몸에도 좋대, 오래 살아주렴' 하는
친구의 다정한 목소리가
찻잔에 내려앉아
꽃으로 피어나는 아침을
기도처럼 마시는 삶의 고마움이여

듣기

귀로 듣고
몸으로 듣고
마음으로 듣고
전인적인 들음만이
사랑입니다

모든 불행은
듣지 않음에서 시작됨을
모르지 않으면서
잘 듣지 않고
말만 많이 하는
비극의 주인공이
바로 나였네요

아침에 일어나면
나에게 외칩니다

들어라

들어라
들어라

하루의 문을 닫는
한밤중에
나에게 외칩니다

들었니?
들었니?
들었니?

꽃을 보고 오렴

네가 울고 싶으면
꽃을 보아라

웃고 싶어도
꽃을 보아라

늘 너와 함께 할
준비가 되어 있는 꽃

꽃은 아름다운 그만큼
맘씨도 곱단다
변덕이 없어
사귈 만하단다

네가
나를 만나러 오기 전
꽃부터 먼저 만나고 오렴

그럼 우리는 절대로
싸우지 않을 거다
누구의 험담도 하지 않고
내내 고운 이야기만 할 거다

숲 속에서

내가 해야 할 일
자꾸 미루는 것 어찌 알고
숲 속의 시냇물이
나를 따라오며 재촉하네

나도 흐르는데
너도 흘러라
어서 움직여라

친구하고 어떤 일로
꽁해 있는 내 마음 어찌 알고
숲 속의 나무가
고요히 말을 거네

속상해도 웃어라
자꾸자꾸 웃다 보면
마음이 넓어져서
고운 잎사귀도
열매도 달게 된다고……

작은 노래 1

마음은 고요하게!
눈길은 온유하게!
생활은 단순하게!

날마다 새롭게
다짐을 해보지만
쉽게 방향을 잃는 내 마음이
내 마음에 안 들 때가 있습니다
작은 결심도 실천 못하는
나의 삶이 미울 때가 있습니다

그래도 눈을 크게 뜨고
열심히 길을 가면
감사의 노래를 멈추지 않으면
하얀 연꽃을 닮은 희망 한 송이
어느 날 슬며시 피어오릅니다
삶이 다시 예뻐지기 시작합니다

힘든 위로

오래 아픈 친구에게
오늘도 전화를 걸어
"어때?"
"괜찮아?"
"건강해야지"
늘 같은 말
반복이고
그쪽에선
아무 말이 없습니다

괜찮다 하면 거짓말이고
아프다 하면
내가 걱정할까 봐
싱겁게 헛웃음만 웃는 그에게

나는 그냥
날씨 이야기만 하다가
다른 사람 이야기만 하다가

슬그머니 작별인사를 하고 맙니다

오늘도
내 마음과 달리
위로의 말은
침묵 속에 숨었습니다

불면증

많이 아플 적엔
잠이 안 와
정말 괴로와요

내가 죽으면
다시는 못 깨어날
길고 긴 잠을 잘 것이지만
아직 살아 있을 적엔
쿨쿨 단잠을
긴 밤에 자고 싶어요
그래야 다음 날 아침
기분 좋게 깨어나
살아갈 힘을 얻을 수 있으니까
다시 새 삶을 시작할 수 있으니까

할 수만 있다면
잠이여 어서 와서
내 아픔은 가져가고

편안한 휴식으로
나를 안아주세요
나를 덮어주세요

성서

내 일생을 바쳐
생명의 책인
성서를 읽습니다

말씀의 물로
세례 받아
내 마음을 씻고

말씀의 불로
통회하며
내 죄를 태우고

말씀의 길 속에
삶의 방향을 맡기니
나도 어느새
길이 되는 꿈을 꿉니다

읽으면 읽을수록

깊은 맛이 들어
할 말을 잃게 되는

성서의 만찬이여
소금 같은 행복이여

사람 구경

꽃구경보다
사람 구경이
더 재미있다고
누가 내게 말했다

그래 그래
맞아 맞아
내가 답했다

어디에나
사람들이 있고
어디에나
하느님이 계시다

하느님이 세상에 오신 것도
사람에 대한 사랑 때문이다
그래서 살아 있는 동안
우리도 더 많이

사람을 사랑해야 한다

사랑하기 전에
자꾸만 사람 구경을 해야 한다

꽃을 보듯이
별을 보듯이

마음의 엄마

사람들이 나를
때로는
마음의 엄마라고 부른다

내가 낳은 시들 덕분에
엄마라고 하니
괜찮지 뭐 하다가도
문득
부끄럽고 부끄러운 마음

희생심이 부족한 내가
과연 엄마가 될 수 있을까
이모나 하지 하다가
그래도
엄마라는 말이 참 좋다
마음의 엄마로서
마음을 잘 다스려야지

달밤

이토록
고요한 빛
출렁이는 밤

나는 둥근 달로 떠서
누구에게
사랑한다 말할까
누구에게
용서한다 말할까

떠났다가
다시 오는
바람과 함께

고백

꿈에는
당신을 잊고 싶은데
자꾸만 더 생각나서
행복합니다

생시에는 더 많이
당신을 기억하고 싶은데
자꾸만 잊혀져서
걱정입니다

이래도 될까요?

시인 윤동주를 기리며

당신은 외롭고 슬프게 떠났지만
시의 혼은 영원히 살아서
갈수록 더 밝고 고운 빛을 냅니다
별을 노래하는 마음으로
부끄럼 없는 삶을 살았던 당신은
종족과 이념을 뛰어넘어
서로 다른 이들을
다정한 친구로 만드는 별이 되셨습니다
사랑과 평화를 재촉하는 2월의 바람이 되셨습니다
모국에 남긴 「하늘과 바람과 별과 시」
단 한 권의 시집만으로도
그토록 많은 사랑을 받고
끝없는 연구가 이루어지고
시를 읽는 이들의 가슴속에
그리움으로 부활하는 당신은
가장 아름다운 스승이며
잊을 수 없는 애인입니다
고통의 어둠과 눈물 속에도

삶을 사랑하는 법을, 맑게 사는 법을
가르치는 희망의 별이 되어주세요
당신을 닮은 선한 눈빛의
시인이 되는 꿈을 꾸는 우리에게
오늘은 하늘에 계신 당신이
손 흔들며 웃고 있네요
성자의 모습으로 기도하고 있네요

여정

태어나면서부터
나는 순례자

강원도의
높은 산과
낮은 호숫가 사이에
태어났으니
나의 여정은 하루하루
산을 오르는 것과 같고
물 위를 걷는 것과 같았네

지금은
내 몸이 많이 아파
삶이 더욱 무거워졌지만
내 마음은
산으로 가는 바람처럼
호수 위를 나르는 흰 새처럼
가볍기만 하네

세상 여정 마치기 전
꼭 한 번 말하리라
길 위에서 만났던 모든 이에게
가만히 손 흔들며 말하리라

울어야 할 순간들도
사랑으로
받아 안아
행복했다고
고마웠다고
아름다웠다고……

―시치료 워크샵에서 적은 시(2010. 7. 12)

인생학교

《의도되지 않았던 상처와
고통의 상형문자를》*
날마다 새롭게 풀어서 읽어내는
인생학교의 수험생이지, 나는

열심히 해독하려
애쓰면 애쓸수록
고통은 늘어나고
삶은 더욱 복잡해져
나는 그냥
철모르는 어린이처럼
단순해지기로 했지

상처와 고통을
정겨운 친구로
껴안는 연습을 하다 보니
어느날 고통은
축복의 별이 되어

내 마음의 하늘에
환히 떠 있었지
너는 자꾸 눈물이 났지

―페샤 거틀러Pesha Gertler의 시 「시간의 치유」 첫 구절(*표)에서
  모티브를 받아 적은 시

아름다운 기도

당신 앞엔
많은 말이 필요없겠지요, 하느님

그래도
기쁠 때엔
말이 좀더 많아지고
슬플 때엔
말이 적어집니다

어쩌다 한 번씩
마음의 문 크게 열고
큰 소리로
웃어보는 것

가슴 밑바닥까지
강물이 넘치도록
울어보는 것

이 또한
아름다운 기도라고
생각합니다

그렇게 믿어도
괜찮겠지요?

집을 위한 노래

1
여행길에서
집에 돌아올 때마다
나는 다시 태어난다

별이 내리는 저녁
내가 끌고 오는
나의 그림자도
낯선 듯 반갑고
방문을 열면
누군가 꽂아놓은
분홍 패랭이꽃 몇 송이
꽃술을 흔들며 웃는다

한동안 잊고 살았던
책장 속의 책들도
손 흔들며 인사하는 나의 방

지친 몸을
침대에 눕히고
두 눈을 감으면
사는 게 고마워서
눈물이 난다
잘못한 게 많지만 천사가 되고 싶은
야무진 꿈 하나
가슴 깊이 심는다

2
이사를 자주 다녔던 어린 시절
『집 없는 소녀』를 밤새워 읽으며
많이 울었다
조금씩 자라면서 나는
넓은 집이 되려 했다

생각이 짧고
마음 좁은 나지만

많은 이가 들어와 쉴 수 있는
따뜻한 집 한 채 되고 싶었다

더 이상 하늘을 두려워하지 않고
서로를 듣지 않으며
모진 말로 나를 외롭게 하는 이도
새롭게 이해하고 용서하며
웃음으로 받아들이는 연습을
오늘도 계속하는데……

진정 다른 이들을 향하여
활짝 열린 집이 될 수 있을까?
내게 묻는 순간부터
조금씩 흔들리기 시작한다
나를 모르는 내가 불안하여
잠시 하늘을 본다

3
땅속의 집은 어둡고 답답할 텐데
나 혼자 외로워서 어떡하지?

오늘처럼 비 오는 날
이미 땅속에 묻혀 있는
그대의 마지막 말을 기억한다

언젠가는 우리 모두
돌아가야 할 땅속의 집
별이 없어도 흙냄새 정답고
돌과 이끼 그득한
창문 없는 집

그 집에 들어가 울지 않으려면
땅 위의 이 집에서
많이 웃고 즐겁게 살라고
그대가 속삭이는 말을

나는 분명 들었지

뜻 없이 외우는 기도보다는
슬픔도 괴로움도 견디면서
들풀처럼 열심히
오늘을 살아내는 일이
더 힘찬 기도가 된다고
비에 젖은 채로 속삭이는
그대의 목소리를
나는 울면서 들었지

오늘도 십자가 앞에 서면

기쁠 때에도 슬플 때에도
성당의 십자가 앞에 서면
예기치 않은 기쁨과 평화가
피어오릅니다

말을 하면 향기가 달아날까 봐
안으로 밖으로 고요히 침묵하면
오늘도 십자가 앞에서
사랑을 배웁니다

날마다 이마에 가슴에 십자를 긋고
십자 목걸이와 십자 반지를
지니고 있으면서도
정작은 잊고 살았던 십자가의 의미

슬픔의 가시가 박힌 삶의 무게를
두려워 않고 받아 안을 수 있는
용기가 생깁니다

십자가에 숨어 있는
놀라운 빛의 기도
사랑의 승리로
날마다 새롭게 살아갈 힘을 얻습니다

그 누구를 위로하고 싶을 때
그 누구로부터 위로 받고 싶을 때
성당의 십자가 앞에 서면
죽음의 눈물도 부활의 웃음으로 바뀌는
기적 같은 은총이여

죽음을 뛰어넘는 사랑의 어리석음을
몸으로 가르친 예수 그분이 계시기에
절망 속에서도 빛나는 삶의 희망이여

여름 편지

1
움직이지 않아도
태양이 우리를 못 견디게 만드는
여름이 오면, 친구야
우리도 서로 더욱
뜨겁게 사랑하며
기쁨으로 타오르는
작은 햇덩이가 되자고 했지?

산에 오르지 않아도
신록의 숲이 마음에 들어차는
여름이 오면, 친구야
우리도 묵묵히 기도하며
이웃에게 그늘을 드리우는
한 그루의 나무가 되자고 했지?

바닷가에 나가지 않아도
파도 소리가 마음을 흔드는

여름이 오면, 친구야
우리도 탁 트인 희망과 용서로
매일을 출렁이는
작은 바다가 되자고 했지?

여름을 좋아해서
여름을 닮아가는 초록빛 친구야
멀리 떠나지 않고서도
삶을 즐기는 법을 너는 알고 있구나
너의 싱싱한 기쁨으로
나를 더욱 살고 싶게 만드는
그윽한 눈빛의 고마운 친구야

2
잔디밭에 떨어진
백합 한 송이
가슴이 작은 새가
살짝 흘리고 간

하얀 깃털 한 개
이들을 내려다보는
느티나무의 미소
그리고
내 마음의 하늘에 떠다니는
그리움의 흰구름 한 조각에
삶이 뜨겁네

3
바람 한 점 머물지 않고
몸도 마음도
땡볕에 타는 여름
땀에 절어
소금기는 다 빠져버린
나의 무기력한 일상을
높은 데서 내려다보며
매미, 쓰르라미는
참 오래도 우는구나

너무 힘들어 쉬고 있는
나의 의무적인 기도를
즐겁게 즐겁게
대신 노래해주는구나

어둠 속에서

불을 끄고
혼자서 누워보는
내 방의 어둔 바다

아무도 오지 않는
적막한 어둠 속에
나는 비로소
눈이 밝아지고
아무도 말을 건네오지 않는
깊은 침묵 속에
나는 할 말이 많은
섬으로 떠오르네

고독한 바람
어쩌다 휘몰아쳐도
끝까지 견디어낼 힘을
어둠 속에 기르는
한밤의 이 기쁜 섬

작은 노래 2

어느 날 비로소
큰 숲을 이루게 될 묘목들
넓은 하늘로의 비상을 꿈꾸며
갓 태어난 어린 새들

어른이 되기엔 아직도 먼
눈이 맑은 어린이
한 편의 시가 되기 위해
내 안에
민들레처럼 날아다니는
조그만 이야기들
더 높은 사랑에 이르기 위해선
누구도 어쩔 수 없는
조그만 슬픔과 괴로움

목표에 도달하기 전
완성되기 이전의 작은 것들은
늘 순수하고 겸허해서

마음이 끌리는 걸까

크지 않다는 이유만으로도
눈물이 날 만큼 아름다운 것들의
숨은 힘을 사랑하며
날마다 새롭게
착해지고 싶다

풀잎처럼 내 안에 흔들리는
조그만 생각들을 쓰다듬으며
욕심과 미움을 모르는
작은 사람들이 많이 사는
행복한 나라를 꿈꾸어본다

작은 것을 아끼고 그리워하는 마음을
보이지 않게 심어주신
나의 하느님을 생각한다
내게 처음으로 작은 미소를 건네며

작은 것의 소중함을 일깨워준
가장 겸허한 친구의 목소리를
다시 듣고 싶다

내 기도의 말은

수화기 들고
긴 말 안 해도
금방 마음이 통하는
연인들의 통화처럼

너무 오래된
내 기도의 말은
단순하고 따스하다

뜨겁지 않아도
두렵지 않다

끊고 나면
늘 아쉬움이
가슴에 남는 통화처럼
일생을 되풀이하는
내 기도의 말 또한
부족하고 안타까운

하나의 그리움일 뿐
끝없는 목마름일 뿐

어떤 기도

적어도 하루에
여섯 번은 감사하자고
예쁜 공책에 적었다

하늘을 보는 것
바다를 보는 것
숲을 보는 것만으로도
고마운 기쁨이라고
그래서 새롭게
노래하자고……

먼 길을 함께 갈 벗이 있음은
얼마나 고마운 일인가
기쁜 일이 있으면
기뻐서 감사하고
슬픈 일이 있으면
슬픔 중에도 감사하자고
그러면 다시 새 힘이 생긴다고

내 마음의 공책에
오늘도 다시 쓴다

쓸쓸한 날만 당신을

기쁜 날보다는
쓸쓸한 날만
당신을 찾는 저를
용서하십시오, 주님

살아온 날들의 부끄러움이
노오란 수세미꽃으로
마음의 벽을 타고 오르는 날

가까운 이들로부터
따돌림받는 느낌을
지울 수가 없는 날

사랑의 충고보다는
가시 돋힌 비난의 말들로
제 마음은
하늘 바다에
고요한 섬으로 떠서

눈물을 흘립니다

어느 때보다도
맑고 겸허한 기도를
구름으로 피워올립니다

쓸쓸한 날이 꼭 필요함을
새롭게 알려주시는
저의 노래이신 주님……

용서를 위한 기도

감사 예찬

감사만이
꽃길입니다

누구도 다치지 않고
걸어가는
향기 나는 길입니다

감사만이
보석입니다

슬프고 힘들 때도
감사할 수 있으면
삶은 어느 순간
보석으로 빛납니다

감사만이
기도입니다

기도 한 줄 외우지 못해도
그저
고맙다 고맙다
되풀이하다 보면

어느 날
삶 자체가
기도의 강으로 흘러
가만히 눈물 흘리는 자신을
보며 감동하게 됩니다

행복의 얼굴

사는 게 힘들다고
말한다고 해서
내가 행복하지 않다는 뜻은
아닙니다

내가 지금 행복하다고
말한다고 해서
나에게 고통이 없다는 뜻은
정말 아닙니다

마음의 문
활짝 열면
행복은
천개의 얼굴로

아니 무한대로
오는 것을
날마다 새롭게 경험합니다

어디에 숨어 있다
고운 날개 달고
살짝 나타날지 모르는
나의 행복

행복과 숨바꼭질 하는
설렘의 기쁨으로 사는 것이
오늘도 행복합니다

일기

오늘도
불을 켜놓고 잠이 들었다
마음의 불도
그대로 켜놓은 채
나는 계속
낯선 길을 헤매는
꿈을 꾸었지

문득 놀라
잠에서 깨니
아무도 없는

고요한 방

괜찮다 괜찮다
다정하게 들려오는
하느님의 목소리

시간도 바빠서

요즘은
시간도 바빠서
늘
뛰어다니네

사람들이 바쁘니
시간도 쉴 틈 없어
피곤하다 투정하네

우리가
왜 이러지?
서로의 얼굴
마주 보며
슬퍼하네

조금은 여유 있던 옛날을
자꾸만 그리워하며
우리도 시간 속의 웃음을 찾자
슬며시 손 잡아보네

마음의 문

내 마음을 여는 순간
당신은 내게 와서
문이 되었습니다

그 문 열고 들어가
오래 행복했습니다

이젠 나도 누군가에게
아름다운 문이 되고 싶지만
걱정만 앞서니 걱정입니다

살아갈 날이 그리 많지 않은데
사랑의 분량은 많지 않아 걱정
마음 활짝 열어야 문이 되는데
오히려 닫고 있는 나를 보게 되는 걱정

허지만 오늘도
걱정의 틈은 좁히고

마음은 넓혀서
문이 되는 꿈을 꾸겠습니다

부끄러운 손

오래전 어느 해
가장 뜨거운 여름날
내가 잘 아는
전신마비 장애인을 방문했다

무엇을 줄까 궁리하다
'그래 더위를 식힐 부채 하나 좋지' 하며
가장 크고 멋진 것을 준비해 갔다
그러나 내가 웃으며 선물을 건넸을 때
그는 웃지 않고 말했다
'잊으셨어요? 제가 손도 불편하다는 걸?
이 손으로 어찌 부채를 부치라고!'
실망 가득한 그에게 나는
미안하다 미안하다 되풀이하며
전에도 몇 번 보긴 했지만
불편한 게 내 손이 아니다 보니
그의 손을 잠시 잊었다 했다
남을 배려한다 하면서도

건성일 때가 많음을 반성하였다

어쩔 줄 몰라 하며
땀이 더 많이 나던
내 부끄러운 손
그 이후로 나는
누구에게 선물을 주기 전에
진정 합당한가 아닌가를
더 오래 생각하는 습관을 키웠다

연탄가스로 옥상에서 떨어져
몸이 많이 상했지만
정신은 더없이 맑고 지혜로웠던
문학청년 임종욱 아오스딩
지금은 세상을 떠나
하늘나라 어디쯤 가있는 그가
이 여름에
나를 다시 부끄럽게 한다

빈 의자의 주인에게

당신이 세상을 떠난 후
당신이 앉았던 빈 의자에서
나는 내내
당신의 그림자를 찾고 있습니다

세상 욕심 다 비워
뼈만 남은 당신을 닮은
하얀 시간들이
가만히 일어섭니다

웃기도 했다가
울기도 했다가
어쩔 줄을 모르는
시간의 얼굴

다른 사람이 와서
당신의 그 의자에
다시 앉을 때까지

내내 몸살을 앓는
우리도 시간도 모두
가엾지 않습니까?

지금 대체 당신은
어디에 계신건가요?
기도도 안 되는
이 깊은 슬픔이
당신을 향한
우리의 기도인가요?
그리움인가요?

가을편지 1

여름의 폭염 속에
단련된 시간
잘 익은 나의 인내로
가을을 기다렸어요

서늘한 바람 안고
하늘을 보면
너무 기뻐서
가슴에 통증이 일고
기침이 나요

당신과 함께
또 한 번의
가을을 보낼 수 있어
행복합니다

마음이 순해지는 이 가을
우리는

다시 사랑을 시작해야죠
먼데 있는 사람에게도
웃음을 날리고
용서하기 힘들었던 사람도
용서해야지요

화해

사랑하는 이와
사소한 일로
크게 싸우고 나니

해가 나도
마음속은
캄캄한 어둠

연옥의 고통이
따로 없었지

그와 다시
힘들게
화해하고 나니

꽃도 웃고
풀도 웃고
나무도 웃고

시간도 웃고

세상이 온통
웃음뿐인 천국이네

이별연습

아끼던 물건을 잃어버리고
좋은 생각을 잊어버리고
잃고 잊는 게 하도 많아
내가 나에게 놀라네

나이를 먹는 것은
이별을 위한 준비
떠날 준비를 하는 것이라고
살짝 변명하며
빙그레 웃어보는 오늘

세월과 더불어 빛을 잃어도
힘들다고 슬프다고
한탄하지 않으면
은은한 환희심이
반달로 차오를 거라고
쓸쓸해도
자꾸만 웃음이 나올 거라고

창밖의 새들이 노래로 말을 하네
정원의 꽃들이 향기로 손짓하네

우는 것도 예쁜 새
지는 것도 예쁜 꽃
언제나 무엇이나
괜찮다 괜찮다
나를 위로하니
두려운 이별이 두렵지 않네
잊혀져도 좋다고
마침내 고백하며 하늘을 보네

기쁨에게

기쁨아, 너는
맑게 흘러왔다
맑게 흘러나가는
물의 모임이구나

빠르게 느리게
높게 낮게 모여드는
강, 바다,
호수, 폭포

조금씩 모습을 바꾸며
흘러오는 너를
나는 그때마다
느낌으로 안다

모든 맑은 물이 그러하듯
기쁨아, 누구도 너를
혼자만 간직할 수 없음을

세상은 안다

그래서
흐르는 생명으로 네가 오면
나도 너처럼
멀리 흘러야 한다
메마른 세상을 적시며 흐르는,
웃지 않는 세상에 노래를 주는
한 방울의 기쁨으로 깨어 있어야 한다.

어떤 기도

주님, 저는 늘
제 귀를 기쁘게 하는 소리만
듣고 싶어 하지만
일부러라도 귀를 아프게 하는
책망과 훈계와 충고의 말을
깊이 새겨듣고,
즐겨 청할 수 있는
성숙한 지혜를 키워가게 하소서
꿀맛처럼 달디달지만 유혹이 되는
칭찬과 찬미의 말은 두려워하고
씀바귀 맛처럼 씁쓸하지만 약이 되는
어떤 충고나 비난의 말을
오히려 즐겨 들을 수 있게 하소서
조금쯤 억울하게 느껴지는 말들이라도
변명하지 않고 받아 안을 수 있는
너그러운 마음으로
자신을 넓혀가게 하소서
남으로부터 부당한 판단을 받았다고

몹시 화를 내기 전에
제가 남에 대해서 잘 알지도 못하고
함부로 말했거나 속단했던 부분을
먼저 마음 아파하고 반성할 수 있는
겸허한 마음을 갖게 하소서

어떤 모임에서건 누가 먼저
저의 좋은 점을 이야기해주면
조심스럽게 공손하게 듣기만 할 뿐
수다스럽게 부풀려서 맞장구치는
뻔뻔스러움을 피하게 해주소서
이웃에게 제 자신을 알리려 할 땐
장점과 성공은 가능한 한 숨겨두고
약점과 실수를 먼저 자랑할 수 있는
어리석음의 용기를 주소서, 주님

친구야, 너는

친구야, 너는
어디엘 가도
내 곁에 있단다

싸우고 나서
다신 안 만나겠다는 결심도
하루가 못 가고
나와 다른 네 생각이
때로는 못마땅해서
잠시 미움을 품다가도
돌아서면 금방 궁금하고
보고 싶어 어쩔 줄을 모르잖니?

기쁠 때나 슬플 때나
단 한순간도 너를
잊은 적이 없는 내가
늘 새롭게 신기하단다

네가 있어 나의 삶은
둥근 달처럼 순하고
둥근 해처럼 환하다
작은 근심들도
마침내 별빛이 된다

친구야, 너는
나의 고운 그림자
나를 나이게 하는 꿈
부를수록 새로운 노래임을
이렇게 설레며 고마워하는
내 마음 알고 있니?
네게 보이니?

슬픈 노래

내가 사랑하는 한 사람의 죽음을
아직 다 슬퍼하기도 전에
또 한 사람의 죽음이
슬픔 위에 포개져
나는 할 말을 잃네
이젠 울 수도 없네

갈수록 쌓여가는 슬픔을
어쩌지 못해
삶은 자꾸 무거워지고
이 세상에서 사라진
사랑하는 이들

세월이 가도
문득 문득
그리움으로 살아오는 하얀 슬픔이
그래도 조그만 기쁨인가
나를 위로하네

성지순례기

떠나기도 전에
눈물이 나네요

만나기도 전에
가슴이 뛰네요

길에서 만나는 모든 이들이
처음엔 낯설어도
금방 다 친구이고
친척이고 가족이 되네요

예수님이 태어나서
사랑의 일을 하고
사랑으로 죽으신
사랑의 땅에서

나의 기도는
말로는 다 못할
눈물일 뿐

침묵일 뿐

발로 뛴 기도가
마음에 도달하여
거듭 난 기쁨이
갈릴리 호수로
넘쳐흐르네요

아픔이 많아
더욱 거룩해진 땅에서
오늘도 새롭게
많은 이들의 기도가
연기처럼 피어오르네요

성지에 다녀 온
순례자의 마음으로
여생은 문제없이
행복하게 살겠네요

저는 아니겠지요?

주님을 배반했던
베드로 사도가
두려워하며 한 말
'저는 아니겠지요?'를
저도 자주 하는 날들이
갈수록 더 많아집니다

당신을 서운케 만든 사람이
저는 아닌 것 같아
자꾸 딴청을 부리며
그윽한 눈길로
저를 바라보시는
당신께 말합니다
'저는 아니겠지요?'

이웃을 더 아프고
가엾게 만든 사람이
저는 아닌 것 같아

자꾸 안으로 숨으며
애타는 눈길로
저를 바라보시는
당신께 다시 말합니다
'저는 아니겠지요?'

어쩌다 한 번
당신을 기쁘게 한 사람이
저는 아닌 것 같아
멍하니 하늘만 쳐다보다가
따스한 음성으로
저를 부르시는
당신의 목소리에 놀라서
주눅이 든 음성으로 또 말합니다
'설마 저는 아니겠지요?'

새해 첫날의 소망

가만히 귀 기울이면
첫눈 내리는 소리가
금방이라도 들려올 것 같은
하얀 새 달력 위에
그리고 내 마음 위에

바다 내음 풍겨오는
푸른 잉크를 찍어
희망이라고 씁니다

창문을 열고
오래 정들었던 겨울 나무를 향해
'한결같은 참을성과 고요함을 지닐 것'
이라고 푸른 목소리로 다짐합니다

세월은 부지런히
앞으로 가는데
나는 게으르게

뒤처지는 어리석음을
후회하고 후회하며

올려다본 하늘에는
둥근 해님이 환한 얼굴로
웃으라고 웃으라고
나를 재촉합니다

너무도 눈부신 햇살에
나는 눈을 못 뜨고
해님이 지어주는
기쁨의 새 옷 한 벌
우울하고 초조해서 떨고 있는
불쌍한 나에게 입혀줍니다

노여움을 오래 품지 않는 온유함과
용서에 더디지 않은 겸손과
감사의 인사를 미루지 않는 슬기를 청하며

촛불을 켜는 새해 아침
나의 첫마음 또한
촛불만큼 뜨겁습니다

세상에 살아 있는 동안
어디서나 평화의 종을 치는
평화의 사람이 되어야겠다고
모든 이와 골고루 평화를 이루려면
좀더 낮아지는 연습을 해야겠다고
겸허히 두 손 모으는
나의 기도 또한 뜨겁습니다

진정 사랑하면
삶이 곧 빛이 되고 노래가 되는 것을
나날이 새롭게 배웁니다
욕심 없이 사랑하면
지식이 부족해도
지혜는 늘어나 삶에 힘이 생김을

체험으로 압니다

우리가 아직도 함께 살아서
서로의 안부를 궁금해하며 주고받는
평범하지만 뜻 깊은 새해 인사가
이렇듯 새롭고 소중한 것이군요
서로에게 더없이 다정하고
아름다운 선물이군요

이 땅의 모든 이를 향한
우리의 사랑도
오늘은
더욱 순결한 기도의 강으로
흐르게 해요, 우리

부디 올 한 해도
건강하게 웃으며
복을 짓고 복을 받는 새해 되라고

가족에게 이웃에게
만나는 모든 사람들에게
노래처럼 즐겁게 이야기해요, 우리

눈 내리는 바닷가로

사랑하는 사람의 이름을
가장 순결한 마음으로
부르고 싶으면
눈 내리는 바닷가로 오십시오

가슴에 깊이 묻어둔
어떤 슬픔 하나
아직도 소리 내어
울지 못했으면
눈 내리는 바닷가로 오십시오

차가운 눈을 맞고
바다는 더욱 고요하고
따뜻해졌습니다

살아 있는 이들을 위해서는
하얀 웃음을
죽은 이들을 위해서는

하얀 눈물을 피우며
송이송이
바다에서 꽃이 되는 눈

어느 날 문득
흰 옷 입은 천사의
노래를 듣고 싶거든
죽는 날까지 짠 물속에
겸손해지고 싶거든
눈 내리는 바닷가로 오십시오

첫눈 편지

1
차갑고도 따스하게
송이송이 시가 되어 내리는 눈
눈나라의 흰 평화는 눈이 부셔라

털어내면 그뿐
다신 달라붙지 않는
깨끗한 자유로움

가볍게 쌓여서
조용히 이루어내는
무게와 깊이

하얀 고집을 꺾고
끝내는 녹아버릴 줄도 아는
온유함이여

나도 그런 사랑을 해야겠네

그대가 하얀 눈사람으로
나를 기다리는 눈나라에서

하얗게 피어날 줄밖에 모르는
눈꽃처럼 그렇게 단순하고
순결한 사랑을 해야겠네

2
평생을 오들오들
떨기만 해서 가여웠던
해묵은 그리움도
포근히 눈밭에 눕혀놓고
하늘을 보고 싶네

어느 날 내가
지상의 모든 것과 작별하는 날도
눈이 내리면 좋으리

하얀 눈 속에 길게 누워
오래도록 사랑했던
신과 이웃을 위해
이기심의 짠맛은 다 빠진
맑고 투명한 물이 되어 흐를까

녹지 않는 꿈들일랑 얼음으로 남기고
누워서도 잠 못 드는
하얀 침묵으로 깨어 있을까

3
첫눈 위에
첫 그리움으로
내가 써보는 네 이름

맑고 순한 눈빛의 새 한 마리
나뭇가지에서 기침하며
나를 내려다본다

자꾸 쌓이는 눈 속에
네 이름은 고이 묻히고
사랑한다, 사랑한다
무수히 피어나는 눈꽃 속에

나 혼자 감당 못할
사랑의 말들은
내 가슴속으로 녹아 흐르고
나는 그대로
하얀 눈물이 되려는데

누구에게도 말 못할
한 방울의 피와 같은 아픔도
눈밭에 다 쏟아놓고 가라

부리 고운 저 분홍 가슴의 새는
자꾸 나를 재촉하고……

용서를 위한 기도

그 누구를 그 무엇을
용서하고 용서받기 어려울 때마다
십자가 위의 당신을 바라봅니다

가장 사랑하는 이들로부터
이유 없는 모욕과 멸시를 받고도
피 흘리는 십자가의 침묵으로
모든 이를 용서하신 주님

용서하지 않는 사랑은 사랑이 아니라고
용서는 구원이라고
오늘도 십자가 위에서
조용히 외치시는 주님

다른 이의 잘못을 용서하지 않기엔
죄가 많은 자신임을 모르지 않으면서
진정 용서하는 일은 왜 이리 힘든지요
제가 이미 용서했다고 생각했던 사람이

아직도 미운 모습으로 마음에 남아
저를 힘들게 할 때도 있고

깨끗이 용서받았다고 믿었던 일들이
어느새 어둠의 뿌리로 칭칭 감겨와
저를 괴롭힐 때도 있습니다
조금씩 이어지던 화해의 다리가
제 옹졸한 편견과 냉랭한 비겁함으로
끊어진 적도 많습니다

서로 용서가 안 되고 화해가 안 되면
혈관이 막힌 것 같은 답답함을 느끼면서도
늘 망설이고 미루는 저의 어리석음을
오늘도 꾸짖어주십시오
언제나 용서에 더디어
살아서도 죽음을 체험하는 어리석음을

온유하시고 겸손하신 주님

제가 다른 이를 용서할 땐 온유한 마음을
다른 이들로부터 용서를 받을 땐
겸손한 마음을 지니게 해주십시오

아무리 작은 잘못이라도
하루 해 지기 전에
진심으로 뉘우치고
먼저 용서를 청할 수 있는
겸손한 믿음과 용기를 주십시오

잔잔한 마음에 거센 풍랑이 일고
때로는 감당 못할 부끄러움에
눈물을 많이 흘리게 될지라도
끝까지 용서하고 용서받으며
사랑을 넓혀가는 삶의 길로
저를 이끌어주십시오, 주님

너무 엄청나서 차라리 피하고 싶던

당신의 그 사랑을 조금씩 닮고자
저도 이제 가파른 비탈길을 오르렵니다
피 흘리는 십자가의 사랑으로
모든 이를 끌어안은 당신과 함께
끝까지 용서함으로써만 가능한
희망의 길을 끝까지 가렵니다

오늘도 십자가 위에서 묵묵히
용서와 화해의 삶으로 저를 재촉하시며
가시에 찔리시는 주님
용서하고 용서받은 평화를
이웃과 나누라고 오늘도 저를 재촉하시는
자비로우신 주님

차를 마셔요, 우리

오래 사랑하는 법을 배우고 싶거든
차를 마셔요, 우리

찻잔을 사이에 두고
우리 마음에 끓어오르는
담백한 물빛 이야기를
큰 소리로 고백하지 않아도
익어서 더욱
향기로운 사람이 될 수 있도록
함께 차를 마셔요

오래 기뻐하는 법을 배우고 싶거든
차를 마셔요, 우리

마음의 창을 활짝 열고
산을 닮은 어진 눈빛과
바다를 닮은 푸른 지혜로
치우침 없는 중용을 익히면서

언제나 은은한 미소를 지닐 수 있도록
함께 차를 마셔요
오래 참고 기다리는 법을 배우고 싶거든
차를 마셔요, 우리

뜻대로만 되지 않는 세상 일들
혼자서 만들어 내는 쓸쓸함
남이 만들어 준 근심과 상처들을
단숨에 잊을 순 없어도
노여움을 품지 않을 수 있는
용기를 배우며 함께 차를 마셔요

차를 마시는 것은
사랑을 마시는 것
기쁨을 마시는 것
기다림을 마시는 것이라고
다시 이야기하는 동안
우리가 서로의 눈빛에서 확인하는

고마운 행복이여

조용히 차를 마시는 동안
세월은 강으로 흐르고
조금씩 욕심을 버려서
더욱 맑아진 우리의 가슴속에선
어느 날 혼을 흔드는
아름다운 피리 소리가 들려올 테지요?

슬픈 날의 편지

모랫벌에 박혀 있는
하얀 조가비처럼
내 마음속에 박혀 있는
정체를 알 수 없는
어떤 슬픔 하나
하도 오래되어 정든 슬픔 하나는
눈물로도 달랠 길 없고
그대의 따뜻한 말로도
위로가 되지 않습니다
내가 다른 이의 슬픔 속으로
깊이 들어갈 수 없듯이
그들도 나의 슬픔 속으로
깊이 들어올 수 없음을
담담히 받아들이며
지금은 그저
혼자만의 슬픔 속에 머무는 것이
참된 위로이며 기도입니다
슬픔은 오직

슬픔을 통해서만 치유된다는 믿음을
언제부터 지니게 되었는지
나도 잘 모르겠습니다

사랑하는 이여
항상 답답하시겠지만
오늘도 멀찍이서 지켜보며
좀더 기다려주십시오
이유 없이 거리를 두고
그대를 비켜가는 듯한 나를
끝까지 용서해달라는
이 터무니없음을 용서하십시오

가을편지 2

떠나면서 머무는
흰 구름인가요
머물면서 떠나는
바람인가요

오늘도 나는
편지를 쓰지 못합니다
내가 그대에게
하고 싶은 모든 말들이
가을 속에
들어 있기 때문입니다

오래 오래
가을 속에 숨어
사랑할게요

다른 옷은 입을 수가 없네

"하늘에도
연못이 있네"
소리치다
깨어난 아침

창문을 열고
다시 올려다본 하늘
꿈에 본 하늘이
하도 반가워

나는 그만
그 하늘에 빠지고 말았네

내 몸에 내 혼에
푸른 물이 깊이 들어
이제
다른 옷은
입을 수가 없네

바다에서 쓴 편지

짜디짠 소금물로
내 안에 출렁이는
나의 하느님
오늘은 바다에 누워
푸르디푸른 교향곡을
들려주시는 하느님

당신을 보면
내가 살고 싶습니다
당신을 보면
내가 죽고 싶습니다

가까운 이들에게조차
당신을 맛보게 하는 일이
하도 어려워
살아갈수록 나의 기도는
소금맛을 잃어갑니다

필요할 때만 찾아 쓰고
이내 잊어버리는
찬장 속의 소금쯤으로나
당신을 생각하는
많은 이들 사이에서
나의 노래는 종종 희망을 잃고
어찌할 바를 모릅니다

제발
안 보이는 깊은 곳으로만
가라앉아 계시지 말고
더욱 짜디짠
사랑의 바다로 일어서십시오
이 세상을
희망의 소금물로 출렁이십시오

기쁨이신 예수님께

기쁨이신 예수님
당신이 기쁨이어서
이제는 제 이름 또한 기쁨입니다
눈물 없는 환한 웃음만이
기쁨의 표현은 아닐 테지요?
아픔과 상처 또한
당신 안에서
기쁨으로 변화 되는 기적을
말로는 표현하기 어렵습니다
살아 있는 나날
당신과 함께
기쁨으로 집을 짓게 하소서
당신이 사랑하는 많은 사람들을
이 집에 데려오는 기쁨으로
행복하게 하소서

평화이신 예수님께

진정
평화는 어디에 숨은 걸까요?
시대는 불안하고
삶은 공허하고
사람들은 초조합니다
평화이신 예수님
고통 중에도
잠들지 않고 깨어 있는 평화
죽음을 넘어서는 생명의 평화
움직이는 평화를 그리워합니다
우리 모두 평화를 위해
일하는 사람들이
되게 해주십시오
가는 곳마다에서
입으로 평화를 외치기보다
존재 자체로 평화가 될 수 있는
눈물의 기도와 인내
행동할 수 있는 용기를 주십시오

침묵이신 예수님께

침묵을 그리워하면서도
침묵하지 못하는 저를 봅니다
화가 나서 문을 닫는
폐쇄적인 침묵이 아니라
선과 사랑의 침묵으로
승리하신 예수님
이토록 산만하고
소란하기 그지없는 세상에서
말 많은 제 입을 고요하게
볼 것이 많은 두 눈을 고요하게
들을 것이 많은 두 귀를 고요하게
그리고
마음을 고요하게
행동을 고요하게 지켜주십시오
어느 날 침묵이 사랑으로 열리어
더 깊고 맑은 말을
할 수 있는 시간까지……

구세주이신 예수님께

어서 오십시오 예수님
오늘도 애타게
당신을 기다립니다

인류의 기다림이고
세상의 그리움이신 예수님
우리의 구세주이신 예수님
어서 오십시오

엠마누엘이신 예수님
어느새 함께 사는 법을
잊어버린 우리에게
함께 사는 법을 가르쳐주십시오
말씀이신 예수님
늘 할 말이 많으면서도
무슨 말을 해야 할지 모르고
방황하는 우리에게
참된 말씀이 되어주십시오

당신과 함께라면
사랑할 준비가 되어 있는
이 세상의 모든 이들을
사랑으로 축복하소서
별이 되어 오소서

가난한 새를 위한 기도

약속의 슬픔

그리 중요한 것도
아닌 것 같은데
세상엔 왜 그리
약속이 많은지
약속을 하려면
왜 그리 복잡한지!

어쩌다 생각이 나
그대가 보고 싶다고
전화를 해도
늘 핑계가 많으니

네 알겠습니다
다음에 뵙지요!
머리로는 이해를 하면서도
가슴으로는
야속하고 슬퍼요

'다음엔 내가 세상에
없을지도 모르는데……'
속으로만 생각을 하지요

늘 다음으로 다음으로
미루고 미루다가
끝나버리는 약속이
오늘도 나를 슬프게 하네요

병상일기

뼈도 아프고
살도 아프고
마음도 아픈 어느 날

이유도 모르면서
함께 눈물 흘리는 사람들이
예쁘고 고마웠다

나의 참을성을 시험하는 듯
이것저것
따져 묻는 사람들이 미웠다

누굴 사랑하면
오직 그 사람에게만
신경이 쓰이듯이

어디가 아프면
온통 아픈 자리에만

신경이 쓰이는 것

큰 잘못은 아니겠지
아프다고 터놓고
말해도 되겠지

아픔의 끝은
어느 날의 죽음일 테지만
죽음보다 아픔이 두렵다니
그런 날이 내게도 오는 것이
참으로 두렵지만
그래도 오늘은 괜찮다고
웃어보는 행복이여

싱겁게 더 싱겁게

짜지 않게
맵지 않게
넘치지 않게

음식을 먹으라는
주의 사항
실천이 쉽지 않아도
마음먹고
자꾸만 연습하다 보니

글도 싱겁게 쓰고
말도 싱겁게 하고
용서도 싱겁게 하네

사람을 대하는 일에서도
짜지 않게
맵지 않게
넘치지 않게

자신을 다스려 가면

극적인 재미는 덜해도
담백해서 오래 가는
평화가 오네

느티나무가 나에게

어느 해 여름
병원에 들어가는 날
우리 집 정원의
20년 지기인 느티나무가
나에게 말했다

힘들어도
잘 견디고
꼭 다시 돌아오세요

내가 오랜만에
퇴원하는 날
새들을 데리고
나를 환영하며
그는 또 말했다

다시 만나
정말 기뻐요

날마다 웃으며
하늘을 보고
빗소리도 들어요

우리 함께
시를 읊어요

새의 말

어서 일어나세요
또
하루를 시작해야지요

몸이
괴로워
밤이 너무 길었지요?

당신의 아픔을
잠시라도 덜어줄
노래가 있으면 좋으련만

이렇게 창가에 앉아
그저 바라보기만 하는

안타까운 내 마음
조그만 기도로 받아주어요

눈물의 힘

내가 세상과
영원히 작별하는 꿈을 꾸고
울다가 잠이 깬 아침

눈은 퉁퉁 붓고
몸은 무거운데
눈물이 씻어준
마음과 영혼은
맑고 평화롭고
가볍기만 하네

창밖에서 지저귀던
새들이 나에게
노래로 노래로
말을 거는 아침

미리 생각하는 이별은
오늘의 길을

더 열심히 가게 한다고
눈물은 약하지 않은 힘으로
나를 키운다고……
힘이 있다고

해 질 무렵

해 질 무렵엔
우리 모두
조금 더 고요한 눈길로
하늘을 본다

지는 해를 안고
집으로 돌아가는 이들의
발걸음은 따뜻하다
가족을 다시 만나 건네는
정겨운 웃음 속에 깃드는
노을의 평화

아픈 것이 낫기를 바라지만
결코 나을 수가 없는
사랑하는 이를
언젠가 저세상으로
보내야 하는 이들의
마음은 쓸쓸하다

안팎으로 눈물겨운
세상의 모든 슬픔들을
자기 것인 양 끌어안고
눈물 속에 기도하는 이들의
목소리는 순결하다

해 질 무렵엔
우리 모두
조금 더 겸손한 손길로
사랑의 손을 내민다

시 쓰기

시가 별건가요 뭐
느낀 대로 적되
말의 순서를 바꾸고
길이를 줄이고
상징 언어 몇 개 넣으면
시가 되는 거지……라고
말하는 이들에게
고개를 끄덕이다가도
정말 그럴까?
속으로 반문하네

다른 시인들의 시가
맘에 들어 외우기도 하고
노트에 옮겨 적으며
흉내를 내보지만
흉내만으로는
도저히 될 수 없는 그 무엇이
나를 아득하게 하네

시를 쓰면서도
시를 잘 모르겠네
분명 아름답지만
갈수록 더
어려운 시 쓰기
그래서
더 많이
더 오래
시를 읽고 또 읽으며
시를 배워야겠다

익어가는 가을

꽃이 진 자리마다
열매가 익어가네

가을이 깊을수록
우리도 익어가네

익어가는 날들은
행복하여라

말이 필요 없는
고요한 기도

가을엔
너도 나도
익어서
사랑이 되네

가을편지 3

늦가을, 산 위에 올라
떨어지는 나뭇잎들을 바라봅니다
깊이 사랑할수록
죽음 또한 아름다운 것이라고
노래하며 사라지는 나뭇잎들
춤추며 사라지는 무희舞姬들의
마지막 공연을 보듯이
조금은 서운한 마음으로
떨어지는 나뭇잎들을 바라봅니다
매일 조금씩 떨어져나가는
나의 시간들을 지켜보듯이

환대

손님과 생선은
삼 일이 지나면
냄새가 난다는
속담이 있다지

냄새도 향기가 되게
사랑으로 잘 모시면
축복이 되지

손님은
내가 많은 것을
새롭게 배우는
선생님이 되고
생선이 맛있는
반찬이 될 수 있듯
만남을 잘 요리하면
손님은 언제나
정겨운 벗이 되어주지

쌍둥이 수사님

쌍둥이 형제로 태어나
같은 수노원에 입회하여
함께 살다가
한날 한시에
92세를 일기로 세상을 떠난
줄리안 수사님과
아드리안 수사님

35년 동안
성보나벤투라 대학에서
학교 시설 관리를 맡아
궂은일을 마다하지 않고
겸손하게 살았다지

같은 날 같은 시에 태어나
같은 날 같은 시에
세상을 떠난
두 수사님의 사진이 실린

신문기사를 보는데
자꾸만 눈물이 나네

아름답다 못해
슬프도록 감동적인 기사를 보고
장례식이 열리는
성모마리아 성당으로
달려가 흰 꽃을 봉헌하네
한 번도 만난 일 없는
두 분을 존경으로 추모하며

고독의 맛

근거 없는 소문에
시달릴 때

아무도
내 편이 되어주지 않는
구설수에 휘말려
설 자리가 없을 때

혼자서 감당하는
고독의 맛은
씁쓸하고 씁쓸하여
오히려 달콤하다

괜찮아 괜찮아
아직도 살아 있기에
그런 말도
들을 수 있는 거야

내가 나를 위로하며
슬며시 한 번 안아주니
새 힘이 솟는다

가을바람

숲과 바다를 흔들다가
이제는 내 안에 들어와
나를 깨우는 바람
꽃이 진 자리마다
열매를 키워놓고
햇빛과 손잡는
눈부신 바람이 있어
가을을 사네

바람이 싣고 오는
쓸쓸함으로
나를 길들이면
가까운 이들과의
눈물겨운 이별도
견뎌낼 수 있으리

세상에서 할 수 있는
사랑과 기도의
아름다운 말

향기로운 모든 말

깊이 접어두고
침묵으로 침묵으로
나를 내려가게 하는
가을바람이여

하늘 길에 떠가는
한 조각구름처럼
아무 매인 곳 없이
내가 님을 뵈옵도록
끝까지
나를 밀어내는
바람이 있어

나는
홀로 가도
외롭지 않네

침묵

맑고 깊으면
차가워도 아름답네

침묵이란 우물 앞에
혼자 서보자

자꾸자꾸 안을 들여다보면
먼 길 돌아 집으로 온
나의 웃음소리도 들리고

이끼 낀 돌층계에서
오래오래 나를 기다려온
하느님의 기쁨도 찰랑이고

"잘못 쓴 시간들은
사랑으로 고치면 돼요"
속삭이는 이웃들이
내게 먼저

화해의 손을 내밀고
고마움에 할 말을 잊은

나의 눈물도
동그랗게 반짝이네

말을 많이 해서
죄를 많이 지었던 날들
잠시 잊어버리고
맑음으로 맑음으로
깊어지고 싶으면
오늘도 고요히
침묵이란 우물 앞에 서자

침묵 일기

오늘은
향나무를
전지했습니다

밑동이 잘리면서
향기 더욱 진동하는
한 그루 나무처럼
잎만 무성한 말의 가지
잘라내어
늘 향기로운 삶을
살고 싶다고
향나무 연필 깎아
일기에 적습니다

말을 많이 해서
나도 모르게 금이 간
내 마음의 유리창을
이제사 침묵으로

갈아 끼우면서
왠지 눈물이 나려 합니다

살아오면서
무수히 쏟아버린
내 사랑의 말들이
거짓은 아니었어도
부끄럽고 부끄럽습니다

오늘만이라도
잠시 벙어리가 되어
고요한 눈길
안으로만 모으고

말없이 기도하고
말없이 사랑하고
말없이 용서하면서
한결 맑아진 떳떳함으로

행복해지고 싶습니다
언젠가는
가장 온전한 집 한 채로
땅 위에 누울 그날까지
겸손한 한 채의 사랑방으로
억울해도 변명을 모르는
자그만 침묵의 집 한 채로
당신 곁에 머물고 싶습니다

나를 위로하는 날

가끔은 아주 가끔은
내가 나를 위로할 필요가 있네

큰일 아닌데도
세상이 끝난 것 같은
죽음을 맛볼 때

남에겐 채 드러나지 않은
나의 허물과 약점들이
나를 잠 못 들게 하고

누구에게도 얼굴을
보이고 싶지 않은 부끄러움에
문 닫고 숨고 싶을 때

괜찮아 괜찮아
힘을 내라구
이제부터 잘하면 되잖아

지금은 계면쩍지만
내가 나를 위로하며
조용히
거울 앞에 설 때가 있네

내가 나에게 조금 더
따뜻하고 너그러워지는
동그란 마음
활짝 웃어주는 마음

남에게 주기 전에
내가 나에게 먼저 주는
위로의 선물이라네

겸손

자기도취의
부패를 막아주는
겸손은
하얀 소금

욕심을 버릴수록
숨어서도 빛나는
눈부신 소금이네

'그래
사랑하면 됐지
바보가 되면 어때'

결 고운 소금으로
아침마다 마음을 닦고
또 하루의 길을 가네
짜디짠 기도를 바치네

무시당해도 묵묵하고
부서져도 두렵지 않은

겸손은
하얀 소금

어떤 후회

물건이든
마음이든
무조건 주는 걸 좋아했고
남에게 주는 기쁨 모여야만
행복이 된다고 생각했어

어느 날 곰곰 생각해보니
꼭 그렇지만은 아닌 것 같더라구

주지 않고는 못 견디는
그 습성이
일종의 강박관념으로
자신을 구속하고
다른 이를 불편하게 함을
부끄럽게 깨달았어

주는 일에 숨어 따르는
허영과 자만심을

경계하라던 그대의 말을
다시 기억했어

남을 떠먹이는 일에
밤낮으로 바쁘기 전에
자신도 떠먹일 줄 아는 지혜와
용기를 지녀야 한다던 그대의 말을
처음으로 진지하게 기억했어

달빛 인사

달을 닮은 사람들이
달 속에서 웃고 있네요

티 없는 사랑으로
죄를 덮어주는
어머니 같은 달빛

잊을 것은 잊고
순하게 살아가라
조용히 재촉하는
언니 같은 달빛

슬픈 이들에겐
눈물 어린 위로를 보내는
친구 같은 달빛

하늘도
땅도

오늘은 온통
둥근 기도로 출렁이네요

환한 보름달을
환한 마음으로 바라보면서
지금껏 내가 만난
모든 사람들에게
달빛 인사를 건네는
추석날 밤

그리움이 꽉 차서
자꾸 터질 것만 같네요
나도 달이 되네요

홀로 있는 시간

홀로 있는 시간은
쓸쓸하지만 아름다운
호수가 된다
바쁘다고 밀쳐두었던 나 속의 나를
조용히 들여다볼 수 있으므로
여럿 속에 있을 땐
미처 되새기지 못했던
삶의 깊이와 무게를
고독 속에 헤아려볼 수 있으므로
내가 해야 할 일
안 해야 할 일 분별하며
내밀한 양심의 소리에
더 깊이 귀 기울일 수 있으므로
그래
혼자 있는 시간이야말로
내가 나를 돌보는 시간
여럿 속의 삶을
더 잘 살아내기 위해

고독 속에
나를 길들이는 시간이다

사라지는 침묵 속에서

꽃이 질 때
노을이 질 때
사람의 목숨이 질 때

우리는 깊은 슬픔 중에도
삶을 이해하고 받아들이는
지혜를 배우고
이웃을 용서하는
겸손을 배우네

노래 부를 수 없고
웃을 수 없는 침묵 속에서
처음으로 진지하게
기도를 배우고
자신의 모습을 깊이 들여다보는
진실을 배우네

모든 것이 사라지는

고요하고 고요한 찰나에
더디 깨우치는
아름다운 우매함이여

가난한 새의 기도

꼭 필요한 만큼만 먹고
필요한 만큼만 둥지를 틀며
욕심을 부리지 않는 새처럼
당신의 하늘을 날게 해주십시오

가진 것 없어도
맑고 밝은 웃음으로
기쁨의 깃을 치며
오늘을 살게 해주십시오

예측할 수 없는 위험을 무릅쓰고
먼 길을 떠나는 철새의 당당함으로
텅 빈 하늘을 나는
고독과 자유를 맛보게 해주십시오

오직 사랑 하나로
눈물 속에도 기쁨이 넘쳐날
서원의 삶에

옛길로 넘어오는 축복

나의 선택은
가난을 위한 가난이 아니라
사랑을 위한 가난이기에
모든 것 버리고도
넉넉할 수 있음이니

내 삶의 하늘에 떠다니는
흰 구름의 평화여

날마다 새가 되어
새로이 떠나려는 내게
더 이상
무게가 주는 슬픔은 없습니다

어떤 죽은 이의 말

이제
난 어디에도 없다

사랑하는 너의 가슴속에
한 점 추억으로 박혀 있을 뿐
다시는 네게 갈 수가 없다

숨가쁘던 고통의 절정에서
아래로 아래로
절대 침묵으로 분해되어
떠나온 나

그래도 사라지지 않았다고
너는 믿고 싶겠지

먼저 가서 미안하다고
안녕이라고
말할 틈도 없이 왔지만

너무 원망하지 말아다오

세월이 가도
멈추지 않는 너의 슬픔은
나에게도 괴로움이야

힘들더라도 이젠
나를 잊어야지

나를 놓아주어야
나도 편히 쉴 수 있을 것 같아

진정 사랑했어, 너를
지금도 이것이
나의 마지막 말이야

들음의 길 위에서

어제보다는
좀더 잘 들으라고
저희에게 또 한 번
새날의 창문을
열어주시는 주님

자신의 안뜰을
고요히 들여다보기보다는
항상 바깥일에 바삐 쫓기며
많은 말을 하고 매일을 살아가는 모습
듣는 일에는 정성이 부족한 채
'대충' '건성' '빨리' 해치우려는
저희의 모습을 자주 보게 됩니다

가장 가까운 이들끼리
정을 나누는 자리에서도
상대방의 말을 주위 깊게 듣기보다는
각자의 생각에 빠져

자기 말만 되풀이하느라
참된 대화가 되지 못하고
독백으로 머무를 때도 많습니다

―우린 참 들을 줄 몰라
―왜 이리 참을성이 없지?
―같은 말을 쓰면서도 통교가 안 되다니

잘 듣지 못함을 반성하고 나서도
돌아서면 이내 무디어지는
저희의 어리석음과 습관적인 잘못은
언제야 끝이 날까요

정확히 듣지 못해
약속이 어긋나고
감정과 편견에 치우쳐
오해가 깊어질 때마다
사람들은 저마다 쓸쓸함을 삼키는

외딴 섬으로 서게 됩니다

잘 들어야만 사랑이 이루어짐을
들음의 삶으로써 보여주신 주님

오늘도 아침의 나팔꽃처럼
활짝 열린 가슴과 귀로
저희가 진정
주님의 말씀을 잘 듣게 하여 주소서
언어로 몸짓으로 마음으로
자신을 표현하는 이웃의 언어에
민감히 귀 기울일 줄 알게 하소서

말하기 전에
듣기를 먼저 배우는
겸손한 어린이의 모습으로

현재의 순간이 마지막인 듯이

성실을 다하는 수행자의 모습으로
들음의 여정을 다시 시작하는
들음의 사람이 되게 하소서

잘 들어서
지혜 더욱 밝아지고
잘 들어서
사랑 또한 깊어지는 복된 사람
평범하지만 들꽃 향기 풍기는
아름다운 들음의 사람이 되게 하소서

마지막 기도

이제
남은 것은
아무것도 없다

두고 갈 것도 없고
가져갈 것도 없는
가벼운 충만함이여

헛되고 헛된 욕심이
나를 다시 휘감기 전
어서 떠날 준비를 해야지

땅 밑으로 흐르는
한 방울의 물이기보다
하늘에 숨어 사는
한 송이의 흰구름이고 싶은
마지막 소망도 접어두리

숨이 멎어가는
마지막 고통 속에서도
눈을 감으면
희미한 빛 속에 길이 열리고
등불을 든 나의 사랑은
흰옷을 입고 마중나오리라

어떻게 웃을까
고통 속에도 설레이는
나의 마지막 기도를
그이는 들으실까

송년 엽서

하늘에서
별똥별 한 개 떨어지듯
나뭇잎에
바람 한 번 스쳐가듯

빨리 왔던 시간들은
빨리도 떠나가지요?

나이 들수록
시간은 더 빨리 간다고
내게 말했던 벗이여

어서 잊을 것은 잊고
용서할 것은 용서하며
그리운 이들을 만나야겠어요

목숨까지 떨어지기 전
미루지 않고 사랑하는 일

그것만이 중요하다고
내게 말했던 벗이여

눈길은 고요하게
마음은 뜨겁게
아름다운 삶을

오늘이 마지막인 듯이
충실히 살다보면

첫새벽의 기쁨이
새해에도 항상
우리 길을 밝혀주겠지요?

만남의 길 위에서

세상에 살아 있는 동안
제가 아직 주님을 만나지 못했다면
다른 사람들과의 만남 또한
아름다운 축복이며 의미 있는 선물로
이어지지 못했을 것입니다

진정 당신과의 만남으로
저의 삶은 새로운 노래로 피어오르며
이웃과의 만남이 피워 내는 새로운 꽃들이
저의 정원에 가득함을 감사드립니다

만남의 길 위에서
가장 곁에 있는 저의 가족들을 사랑하고
멀리 있어도 마음으로 함께하는
벗과 친지들을 그리워하며
저의 편견과 불친절과 무관심으로
어느새 멀어져 간 이웃들을
뉘우침의 눈물 속에 기억합니다

깊게 뿌리내리는 만남이든지
가볍게 스쳐 지나가는 만남이든지
모든 만남은 제 자신을
정직하게 비추어주는 거울이 되며
인생의 사계절을 가르쳐주는 지혜서입니다

사람들의 서로 다른 모습들만큼이나
다양하게 열려오는 만남의 길 위에서
사랑과 인내와 정성을 다하신 주님
나무랄 데 없는 의인뿐 아니라
가장 멸시받는 죄인들에게조차
성급한 판단과 처벌의 돌팔매질보다는
자비와 연민으로 다가가셨던 주님

당신의 그 모습을 생각하면
사랑하는 일에서도
늘 계산이 앞서고
까다롭게 따지려드는

저의 옹졸함이 너무도 부끄럽습니다

습관적으로 남을 먼저 판단하고
늘상 이웃 사랑을 강조하면서도
실제로는 이기적인 태도로
슬픔과 상처를 이웃에게 더 많이 주었으며
용서하는 일에는 굼뜨기 그지없었음을 용서하십시오

때로는 만남에서 오는 축복보다
작은 근심과 두려움을 더 많이 헤아리며
남을 의심하는 겁쟁이임을 용서하십시오

앞으로도 멀리 가야 할 만남의 길 위에서
저의 비겁한 경계심을 무너뜨리고
당신처럼 겸허하고 자유로운
기쁨의 순례자가 되게 해주십시오

반갑고 기쁘게 다가오는 만남뿐 아니라

성가시고 부담스런 만남까지도
사랑으로 승화시킬 수 있는
깊고 높은 지혜와 용기를 주십시오

저는 비록 완벽하지 못한 사람이지만
사람을 사랑할 줄 아는 좋은 사람으로
좋은 만남을 이루며 살고 싶습니다

많이 사랑할수록 더 맑게 흐르는
주님의 바다를 향해
저도 이웃을 더 많이 사랑하며
쉬임 없이 흘러가는
작지만 아름다운 시냇물이 되고 싶습니다.

후회

내일은
나에게 없다고 생각하며
오늘이 마지막인 듯이
모든 것을 정리해야지

사람들에겐
해지기 전에
한 톨 미움도
남겨두지 말아야지

찾아오는 이들에겐
항상 처음인 듯
지극한 사랑으로 대해야지

잠은 줄이고
기도 시간을
늘려야지

늘 결심만 하다
끝나는 게
벌써 몇 년째인지

또
하루가 가고
한숨 쉬는 어리석음

후회하고도
거듭나지 못하는
나의 미련함이여

| 발문 |

영혼의 순결한 밥과 국

 기도는 마음의 집이자 길이다. 기도는 그 집의 창가에 어리는 햇살이며, 그 길에 피어난 꽃이다. 우리는 단 하루도 기도 없이는 살 수 없다. 기도는 우리가 먹는 영혼의 순결한 밥이며 국이다. 우리는 아침에 그 기도의 밥을 먹고 길을 가고, 저녁에 그 기도의 국을 먹고 잠이 든다. 우리가 오늘도 건강한 삶을 영위하는 것은 바로 그 기도의 집에서 살기 때문이다.

 그런데 곰곰 생각해보면 내 기도의 집은 너무나 낡고 허물어져 있어 부끄럽다. 기왓장이 깨어지고 대들보가 무너질 듯하고 마당엔 풀들이 무성하다. 평소에 기도하는 삶을 살지 않은 탓으로 뒤뜰에 서 있는 감나무에도 새 한 마리 날아와 앉지 않는다. 말하기 부끄럽지만 마치 폐가와 같아 마음 둘 바를 모르겠다.

 그러나 '다른 옷은 입을 수가 없는' 해인 수녀의 기도의 집은 그렇지 않다. 대문 앞에는 자두나무가 한 그루 서 있고, 싸리나무 울타리 너머로 바다의 수평선이 보인다. 마당엔 누레박이 길쳐진 맑은 우물이 있고, 우물 속으론 간간이 흰구름이 흐른다. 신을 벗고 방 안으로 들어가면 바다를 향한 창이 먼저 눈에 들어오고, 작은 앉은뱅이 나무책상 위에 고요히 성모상이 하나 놓여 있다. 그리고 밤이면 창 너머로 벽이 빛난다.

나는 해인 수녀의 창을 통하여 밤하늘을 올려다본다. 해인 수녀의 창은 언제나 천상을 향해 열려 있으면서 동시에 가난한 이웃들이 사는 지상의 들판을 향해 열려 있는 위안의 창이다.

"당신을 사랑합니다."
이것이 우리가 당신께 드리는
처음과 끝의 가장 소박하고 진실한
기도이게 하소서

해인 수녀는 언젠가 자신의 기도의 집에 대해 이렇게 노래한 적이 있다. 아마 해인 수녀의 기도의 집 대문 앞에는 문패 대신 이 기도문이 적혀 있을 것이다. 우리는 이 기도문을 통해 해인 수녀가 왜 다른 옷을 입을 수 없는지 잘 알 수 있을 것이다. 그리고 그 집의 다락방에 붙어 있는 다음과 같은 시도 읽어볼 수 있을 것이다.

뜻없이 외우는 기도보다는

슬픔도 괴로움도 견디면서
들풀처럼 열심히
오늘을 살아내는 일이
더 힘찬 기도가 된다고

—『집을 위한 노래』에서

  이 시를 읽으면 다락방에 무릎을 꿇고 앉아 들판을 바라보며 기도하는 해인 수녀의 모습이 보인다. 열심히 사는 지상에서의 삶을 통해서만이 평화로운 천상의 삶에 다다를 수 있다는 그녀의 기도의 음성이 귀에 들린다.
  그렇다. 기도는 우리들 삶의 근원이다. 생명의 물과 빛이다. 내 경우만 해도 지금까지 내 삶을 지탱해준 것은 바로 기도이다. 그것도 어머니의 기도이다. 어머니는 단 하루도 나를 위해 기도하지 않으신 적이 없다. 나는 아직도 어머니의 기도의 밥을 먹고 자란다. 내가 여러 가지 잘못된 탐욕의 길을 가고 싶어도 어머니의 기도의 음성은 내 발목을 잡는다. 내가 고통을 견디지 못하고 어느 골목길을 지나다가 그대로 무릎을 꺾고 주저앉아 버렸을 때 내 무릎을 다시 일으켜 세워준 것도 어머니의 기도이며, 내가 외로움 가운데서 시를 쓸 때 내 가슴을 한없이 쓰다듬어준 것도 바로 어머니의 기도의 손이다.
  어머니의 기도는 내 인생의 따뜻한 손길이며 또한 회초리다. 어머니의 기도 속에는 눈물이 있고 위안이 있다. 우리는 누구나 어머니의 기도의 힘과 향기로 오늘을 살고 있다. 다만 우리가 그것을 받지 못할 뿐, 어머니는 그 재산을 우리들에게 아낌없이 나눠주신다.

해인 수녀의 기도 시집에는 이러한 어머니의 기도하는 마음이 내재돼 있다. 해인 수녀는 우리가 제대로 나눠받지 못하는 어머니의 기도를 우리들에게 나누어준다. 해인 수녀는 우리들 어머니의 기도를 대신해준다. 그래도 이 세상이 아름다운 건 해인 수녀의 정성 어린 기도 덕분이다.

해인 수녀의 기도 속에는 인간의 마음의 무늬가 찬란하고 고요하다. 그녀의 기도는 감사의 기도이자 침묵의 기도이며, 위안의 기도이자 눈물의 기도이며, 사랑의 기도이자 용서의 기도이며, 겸손의 기도이자 존재의 기도이다.

그는 "적어도 하루에/여섯 번은 감사하자고/예쁜 공책에 적었다"(『어떤 기도』)라고 할 만큼 감사의 기도를 드리고 있으며, "내 몸에 내 혼에/푸른 물이 깊이 들어/이제/다른 옷은/입을 수가 없"(『다른 옷은 입을 수가 없네』)다고 고백하고 있다.

"짜디짠 소금물로/내 안에 출렁이는/나의 하느님/(중략)//당신을 보면/내가 살고 싶습니다/당신을 보면/내가 죽고 싶습니다//가까운 이들에게조차/당신을 맛보게 하는 일이/하도 어려워/살아갈수록 나의 기도는/소금맛을 잃어"(『바다에서 쓴 편지』)간다고 노래하면서 하느님을 향한 헌양의 기도를 올리기도 한다.

누구든 기도가 없는 이의 마음은 황폐하다. 누구든 기도를 할 줄 모르는 이의 마음에서는 서서히 오염된 강물 썩어가는 냄새가 난다. 해인 수녀의 이 기도집은 기도가 없는 이들을 대신한 눈물의 기도문이며, 기도할 줄 모르는 아들의 마음을 쓰다듬어 주는 어머니의 기도서이다.

우리가 이 세상을 살아가다가 마음이 가난해 간절히 기도하고 싶을 때, 누구든 이 시집을 펼쳐도 좋다. 우리가 이 세상을 살아가다가 어떻게 기도해야 좋을지 모를 때 이 시집을 펼쳐서 마음으로 읽으면 그것이 바로 우리의 기도다. 짧은 기도가 하늘에 닿는다면 이 시집의 짧은 시 한 구절이 바로 당신의 가난한 마음을 구원해줄 것이다.

길을 걸으며, 이제 우리는 울고 싶을 때 더이상 울지 않아도 된다. 해인 수녀가 정성껏 기도를 통하여 우리를 위해 다 울었으므로. 이제 우리는 배가 고플 때 더이상 밥을 먹지 않아도 된다. 해인 수녀의 기도의 밥과 국을 먹고 더이상 배가 고프지 않으므로.

정호승(시인)

이해인 수녀의 작은 기도
하느님의 부르심을 받기 전에 내가 꼭 하고 싶은 것들

며칠간 먼 나라에 다녀왔더니 그동안의 여독이 많이 쌓니시인기 계속 잠이 쏟아진다.

'잠자는 이들과 죽은 이들이 어쩌면 그렇게 서로 같은지! 죽음은 그 날짜가 알려지지 않았도다!' 길가메시 서사시의 한 구절도 떠올리면서, 영영 깨어나지 못하고 긴 잠을 자는 것이 곧 죽음임을 생각한다. 그래서 매일 잠에서 깨어나는 순간마다 죽지 않고 살아 있음을 새롭게 경탄하곤 한다.

'내가 사랑하는 한 사람의 죽음을 / 아직 다 슬퍼하기도 전에 / 또 한 사람의 죽음이 슬픔 위에 포개져 / 나는 할 말을 잃네 / 나는 이제 울 수도 없네 / 갈수록 쌓여가는 슬픔을 / 어쩌지 못해 / 삶은 자꾸 무거워지고 / 이 세상에서 사라진 사랑하는 이들 / 세월이 가도 문득 문득 / 그리움으로 살아오는 하얀 슬픔이 / 그래도 조그만 기쁨인가 나를 위로하네' (나의 시 「슬픈 노래」 전문)라고 고백할 만큼 요즘은 눈만 뜨면 안으로 밖으로 수많은 부음을 듣게 된다. 얼마 전까지만 해도 같이 웃고 밥을 먹고 이야기를 나누던 동료가 무덤 속에 있는 것이 믿기질 않아 울먹이는 순간도 부쩍 많아졌다. 여러 사람을 저세상으로 보내고 나서 나 역시 이것저것 물건 정리를 해보고 가상 유언장도 적어보며 아직은 오지 않은 '상상 속의 죽음'으로 이별 연습도 미리 해보지만 어떤 모습으로 나의 삶이 마무리가 될지는 정말 알 수 없는 일이다.

내가 평소에 이상적으로 써놓은 글이나 말과 다르게 마무리가 되면 어쩌나 문득 두렵고 걱정이 될 적도 있지만 그래도 일단은 여태껏 행복하게 살았듯이 행복하게 떠나고 싶다. 죽기 전에 수도자로서의 어떤 바람이 있다면 하느님을 향한 나의 수직적인 사랑과 이웃을 향한 나의 수평적인 사랑이 잘 조화를 이루어 '세상 사는 동안 그래도 사랑의 심부름을 잘 하였다'는 말을 듣고 싶은 것이다.

그 누구도 함부로 겉모습만 보고 판단하지 않는 아량과 아픈 중에도 밝은 표정을 지닐 수 있는 믿음과 좋은 일에서도 궂은일에서도 감사를 발견할 수 있는 지혜를 구하며 매일을 살고 싶다.

어느 날 고통에 겨워 비록 말을 할 수 없는 상태가 되어도 온몸으로 '주님은 자비를 베푸소서!' 라고 겸손하게 고백하리라. '일생 동안 사랑하고 사랑 받아 행복했습니다. 부족한 저를 많이 참아주셔서 고맙습니다' 라고 나의 지인들과 수도공동체에게 말하리라. 비록 이것저것 깔끔하게 내가 정리를 다 하지 못한 상태에서 세상을 떠난다 해도 어머니 공동체는 나를 흉보거나 비난하기보다는 넉넉하고 고요한 미소와 사랑으로 감싸줄 거라 믿으니 벌써부터 든든한 마음이다.

혹시 작가로서 죽기 전에 하고 싶은 일이 무엇인가 묻는다면 무어라고 답할까. 나에게 그만한 능력이 있다고 믿진 않지만 그래도 가능하다면 한 편의 아름다운 동화를 꼭 한 편 정도 쓰고 싶기는 하다. 어른을 위한 동화를 많이 쓴 고 정채봉 님의 『멀리 가는 향기』나 정호승 시인의 『항아리』 그리고 요즘 부쩍 많이 읽히는 황선미 작가의 『마당을 나온 암탉』 같은 동화를 읽으면 얼마나 삶이 더 아름다운지! 얼마나 마음이 더 애틋하고 따스해지는지! 생생하고 감동적인 동화를 빚어내는 이들에겐 늘 부러움을 느낀다.

그동안 나의 글들을 아끼고 사랑해준 많은 독자들에게 일일이 감사의 편지를 쓰진 못하더라도 두고두고 선물이 될 수 있는 한 편의 멋진 시를 쓸 수 있기를 기대해볼까. 아니면 서툰 솜씨로나마 산과 바다와 흰 구름이 있는 한 폭의 수채화를 남겨놓을까. 꼭 글이나 그림으로 작품을 남기진 못하더라도 나의 삶이 한 편의 시가 되고 그림이 될 수 있도록 순간순간을 더 성실하고 겸손하게, 더 단순하고 투명하게 내 남은 날들을 채우고 싶다. 근래에 경영 일선에서 물러난 스티브 잡스가 스탠퍼드 대학교 졸업식에서 한 말을 나는 늘 기억한다. '곧 죽을지도 모른다는 사실을 명심하는 게 인생의 고비마다 중요한 결정을 내리는 데 큰 도움이 된다'라는 그 말을.

곧 한가위를 앞두고 내일은 내 어머니 기일이기도 하여 형제들과 같이 산소에 가서 삶의 유한성을 좀 더 깊이 생각하고 오리라. 어느 날의 내 죽음도 미리 묵상하면서 다음과 같은 시편 노래를 부르리라. '천년도 당신 눈에는 지나간 어제 같고 한 토막 밤과도 비슷하나이다……'

2011년 9월

작은 기도

초판   1쇄 발행 2011년 9월 14일
초판   3쇄 발행 2011년 9월 16일
2 판 23쇄 발행 2025년 2월 14일

지은이 이해인
펴낸이 정중모
펴낸곳 도서출판 열림원
등록 1980년 5월 19일(제406-2000-000204호)
주소 경기도 파주시 회동길 152
전화 031-955-0700 | 팩스 031-955-0661
홈페이지 www.yolimwon.com | 이메일 editor@yolimwon.com
페이스북 /yolimwon | 트위터 @yolimwon | 인스타그램 @yolimwon

ⓒ이해인, 2011

ISBN 978-89-7063-707-5 03810

* 책값은 뒤표지에 있습니다.